HUGUES LIBOREL

MÉTAPHILES

№ 28

EDITIONS TIRESIAS MICHEL REYNAUD

MÉTAPHILES

Vous étiez de ces institutions secrètes, sèches ;
De ces humides usages. Indifférenciées.
Statuettes d'écriture sigi so. (1)
Montagnes, fleuves, déserts et traces étrangères
Frappés à l'écume de la houle rythmique d'un langage.

Vous étiez avant l'Homme menacé de morales et de savoirs
Assises au fond des textes.

Spirales, vous aviez descendu pour n'exprimer
Que d'indéniables évidences, de fermes acceptations.

Filles du Maître de la Parole !

Gardiennes des terres excisées,
Des chefferies,
Du droit d'aînesse.
Gardiennes du droit de commencer.

Vous vous placiez sous d'épais dépôts rougeâtres,
Avant même que rien ne rentre dans une forme,
Vous descelliez nos lèvres pour des « couis » (2)
D'eau et de feu.

Métaphiles rumeurs vous reposez dans nos filaos (3)

Avant que de transmettre.

Prélevant votre part de l'ordre de nos destinées,
Vous établissiez en matière déterminée
L'immanente raison d'entretenir nos lettres par le culte,
De faire des levées de deuil à chacune de nos saillies.

Vous : masques du rattachement,
Nécessités construites que vous êtes, en toute chose,
A suivre en propylées.

Vous êtes venues après.

Vous êtes venues nous aider dans notre charge d'être.
Ordonner nous tous, toutes, écrivants, en des suites
Ritualisées, simplifiées.
Montrer la voie légale.
Donner les biens et les droits
Aux poursuivants.

Architectures-Architectes des langues !
Scribes de la véracité de nos déclarations !

Quels soulagements de vous avoir vu briser
Nos forgeages, nos plates-formes peintes de figures guerrières,

De mots bandits…

Vos disciples vous demeurent obligés
De porter leur monocorde jusqu'au point de perfection.

Vous sphinx métaphiles,
Parolières de nos visions, de nos songes,
Vous vous éloignez sur les ailes de la cinquième âme ;
Emportant des tribus de graphies, criées,
Tambourinées.
Chalcomanies des sennes de vocables,
Mystérieuses et incohérentes.

Nous restons, nous, avec nos souffles, avec nos plumes,
A déchiffrer encore
Vos tables divines et démoniaques :
« Parler en langues ».

(1) Sigi so : langue secrète chez les Dongo utilisée par « les masques » lors des cérémonies religieuses.

(2) Coui : en langue créole, demi-calebasse évidée à usages domestiques multiples.

(3) Filao : grand arbre importé de Madagascar, à forme de saule pleureur, planté en lisière des cimetières, ses gémissements au passage du vent dans ses branches ajoutent à la gravité des lieux.

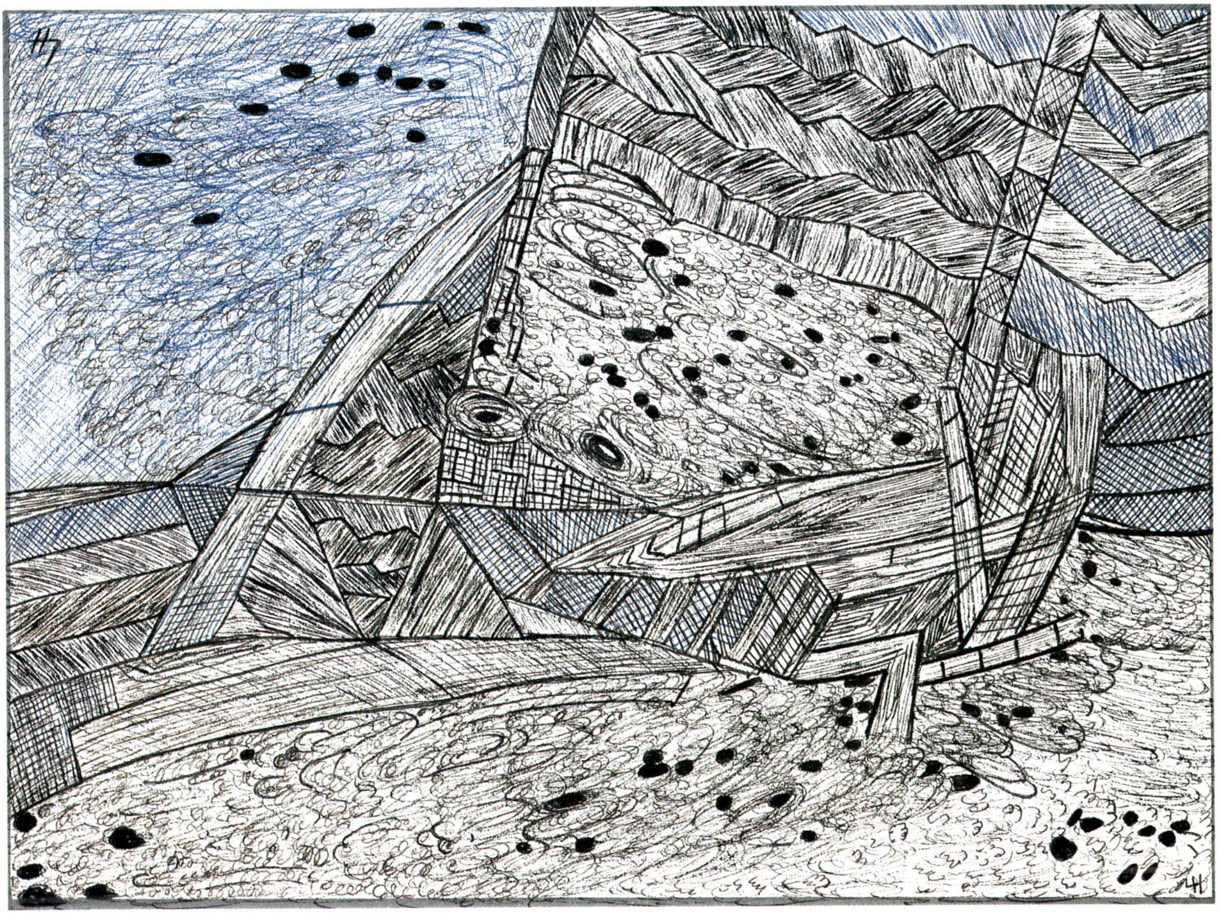

Architectures de paille ou le moulin à fil, à paroles

Moulin à fil, à paroles

A " tourdre " paroles feintes
ensalivées d'une bouche insolite,
l'orante, prise de mania, regarde
l'enténèbrement, effranger, la brume
ténue.

17 juillet 1988

La jeune fileuse

De lisses tresses peignées au vent ondoyant sa crinière d'hiérophanies, flotte.

Ayant vu l'aube s'isoler, vive immortelle, la jeune fileuse impétueuse, s'évade.

Elle se poste aux voiles inaccessibles du jour.

Dépliés.

Multipliés ;

De leurs pans ouverts, se dévident pluies et rosée.

Elle entre en transparence.

18 juillet 1988, à Vendine

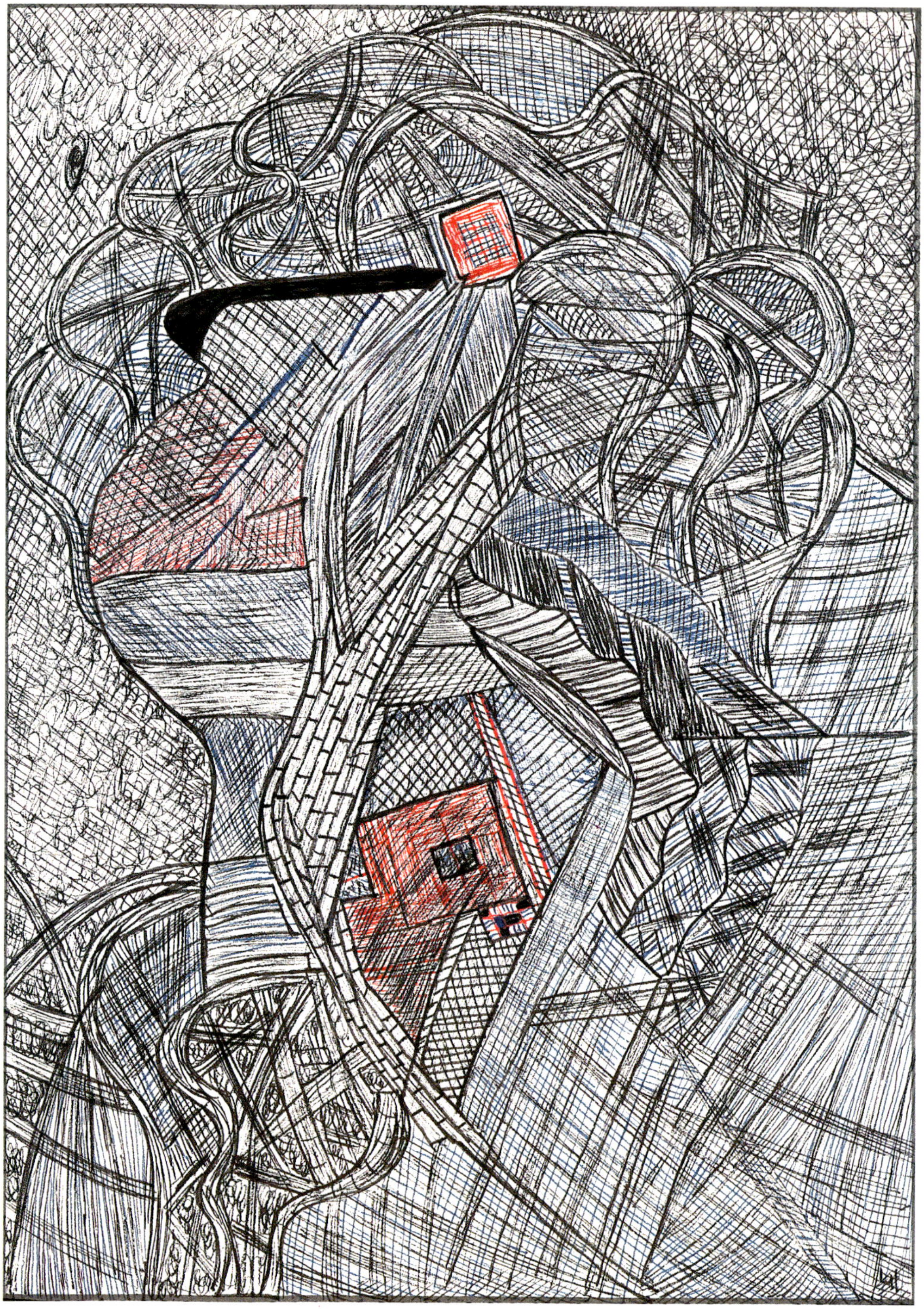

La jeune fileuse

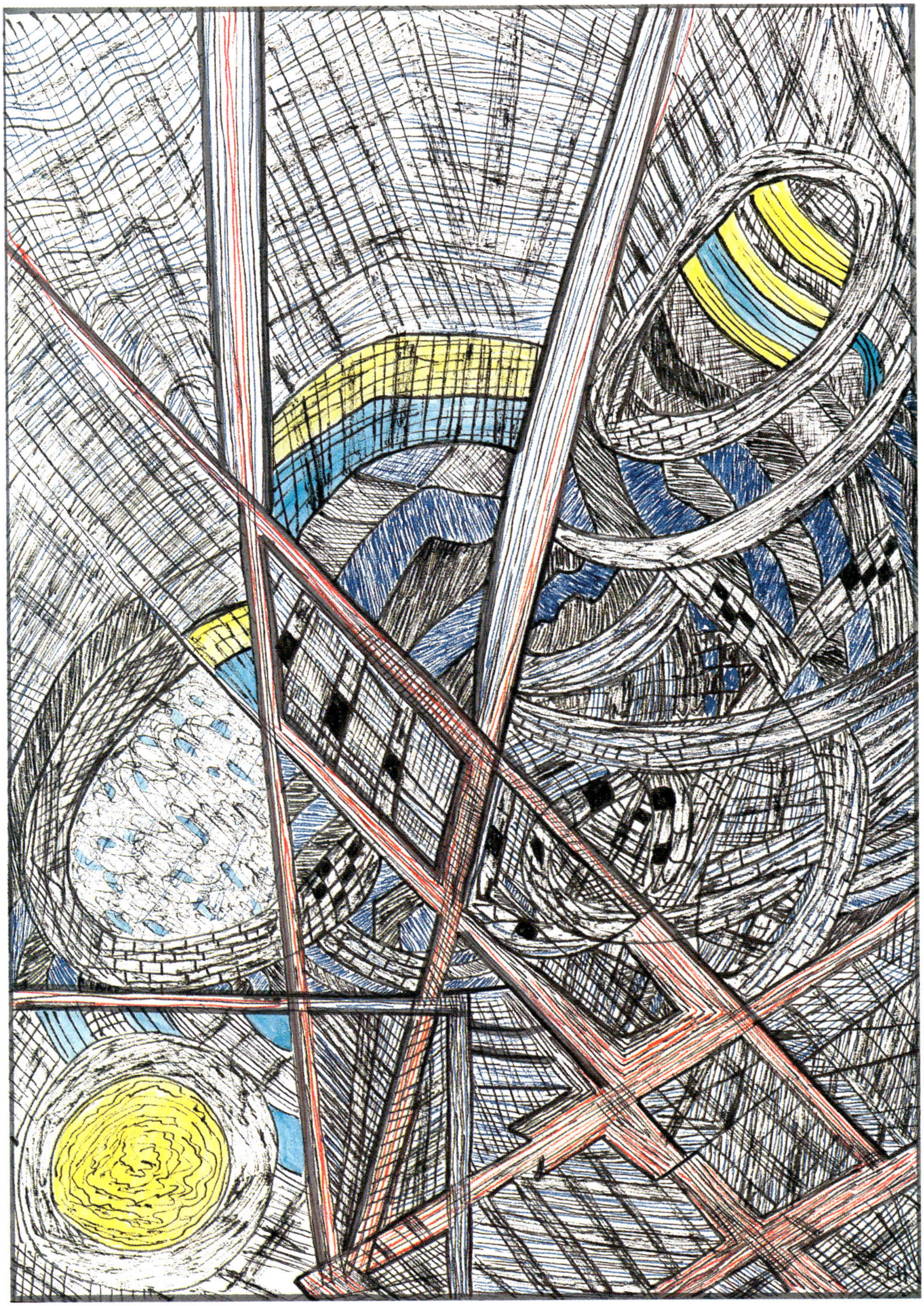

Erignes

Erignes

Des mantiques tournent,
au champ de l'écraigne,
une chaîne lumineuse,
qui tombe de haut.
Arachné rouge le soir,
tarentelles danseuses,
elles traînent du sommeil
des fils d'existence
pour commencer le tramail
de l'intrigue essentielle de la fragilité.

18 juillet 1988

Gens de voile

Gens de voile

Ils dorment
Aux portes des déserts.
La nuit a, du sable,
Fait des cendres tièdes.
Ils dorment.
Avant la ligne d'indistinction,
Leurs caravanes contre la masse calme
Des villes fermées,
Ont traîné et déposé
Des passements de monts, de nasses et de cordes.
Là,
Adossés au fœhn,
Ils dorment.

19 juillet 1988

L'ivre de douleurs

Filant sans se diviser

L'ivre de douleurs
Enonce :
Mais ceci, même voisé,
Coulant filant sans se diviser
Résonne encore de cris d'abandon.
Feuilles - pages de filoselle, de parsiflore,
Épaississent le livre du temps, entoilé :
Livre des morts en *Lauragais*.

19 juillet 1988

La vieille filandière

La vieille filandière

Assise,
toujours assise,
elle file énivrée,
dodelinant,
sa chevelure en marées.

20 juillet 1988

(Une illustration pour le conte d'Henri Pourrat :
« la vieille filandière »)

Profondes lisses

Profondes lisses

De laine obscure,
D'or et de calcite veinée,
Cristallines traverses,
Verts treillages,
La glace quadrillée,
Couches de tortis herbacés
Au fond des sous-bois
Enroulent des corps opaques,
Multifilaires,
Les couvrent de ramure ombreuse.

20 juillet 1988

La Cerentolla

Elle danse la dernière
Le pas du fil ; prise
Légère volute dans une étoffe bayadère
Tombent de son bavolet
Des petits miroirs cavernés,
Ainsi que de blanches inflorescences,
Font évaporer
Chacune de ses ondulations.

22 juillet 1988

Ecrit de mailles et de failles

Ecrit de mailles et de failles

A cette heure, tout le bal se ceint de triplure en reflets éclatés, dispersés. L'ombre venue levée déchire le mitan de la nuit. Elle brise l'illusion pour d'innombrables fragments de figures égarées.

Aimer : voir et toucher.

Le Prince se penche sur d'incurses vides qui entament l'incendie d'un voile qui tombe. Une trouée bleue se présente comme une image amoureuse d'elle-même.

Le Prince est pris dans l'usage de la passion.

La figuration visuelle secrète et file un éventail translucide. Qui brille. La marraine l'enlève comme un feu qu'on attise.

23 juillet 1988

(Une triplication pour une version de Cendrillon)

La vieille fileuse de Kau

La vieille fileuse de Kau

Avant l'ouverture du dernier combat, seule, elle approche les quatre joueurs de tambours. Noires et nues, elle enveloppe leurs cuisses épaisses de cuir tressé et de feuillage émietté, parfumé.

Les tambours roulent...

Les hommes tournent sur eux-mêmes.

Ils plient leur corps en arrière.

Agitant au-dessus des têtes, une longue et étroite bande d'écorce, elle fait un dai de beautés, rehaussé de fragiles et fugaces rondes ; un filtre des forêts, sous lequel, ils l'enlèvent.

Ils l'emportent jusqu'aux marécages...

La vieille fileuse de Kau a disparu dans une danse d'Ariane. Le vainqueur du combat, portera, à sa place, dévêtue, celle qu'il aura élue.

23 juillet 1988

(Légende du dernier jour des ans)

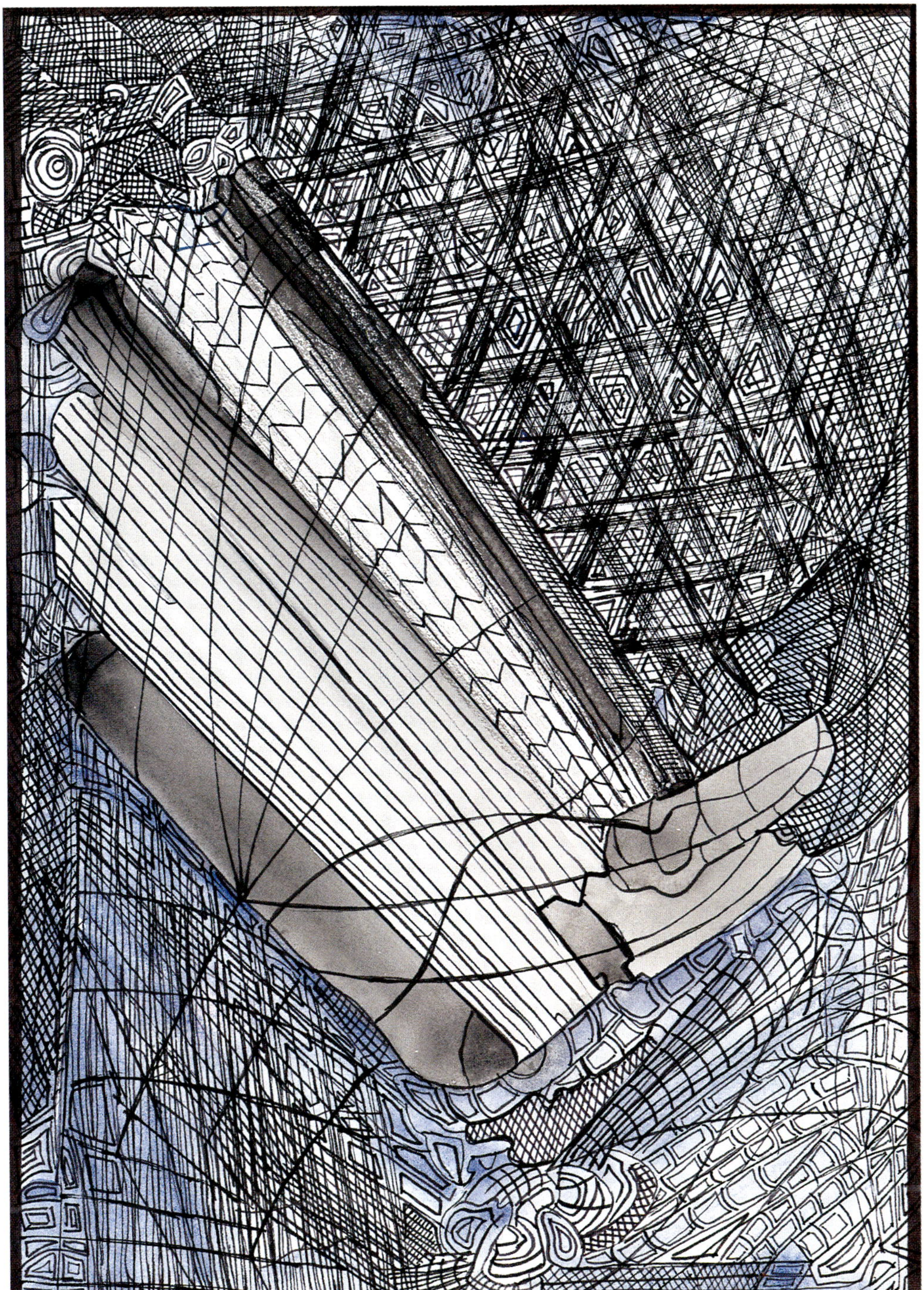

Teint-filé main

Teint-filé main

Avec le suint des mains
Oindre le bobinage.
Vieillir le fil du trame.
A Nouna.
A Nouna,
Mettre à jour le lien mélancolique.
Serrer des traînées de fils de terre,
Nouer des lignes de poings
Qui lapident le batik.
A coups de sang, de bleu, de chenilles ocres,
Faire comme une belle bure pleine
De lunes, toutes, entières.

25 juillet 1988

… des sables du Mana
monte le tamis de l'orpailleur.

7 septembre 1988

Mana

Quenouillées

Des étoupes du vent
Embrument l'aube.
La masse remuée des nuages,
Tourne à rebours jusqu'aux fumées
De gaze sorties des hauts courants.
La lande mouillée, effilochée
Des matins blancs en septembre
S'amoncellent comme de fraîches tontes.

Septembre 1988

File, file, Nélia

... les femmes tillant ou tressant le latanié.

Des chômeurs, portant en duo, sur leurs lourdes épaules des gaulettes de chapeaux, de balais et d'éventails.

Nélia seule, s'était procurée des ibicus rouges et jaunes qu'elle avait fait sécher au soleil, dans le suint d'une herbe odorante, pour les accrocher ensuite à tous ces filés qu'elle avait travaillés avec tant de soins.

Aux visiteurs, curieux, du marché, elle avait signifié que ces filés n'étaient pas à vendre.

Dans quelques jours, selon ses forces, elle irait, sans homme à sa suite, donner jusqu'aux chalands une opulente pâture de fibres de cocotier pour renouveler la litière des mariniers.

(Histoires de Nélia)

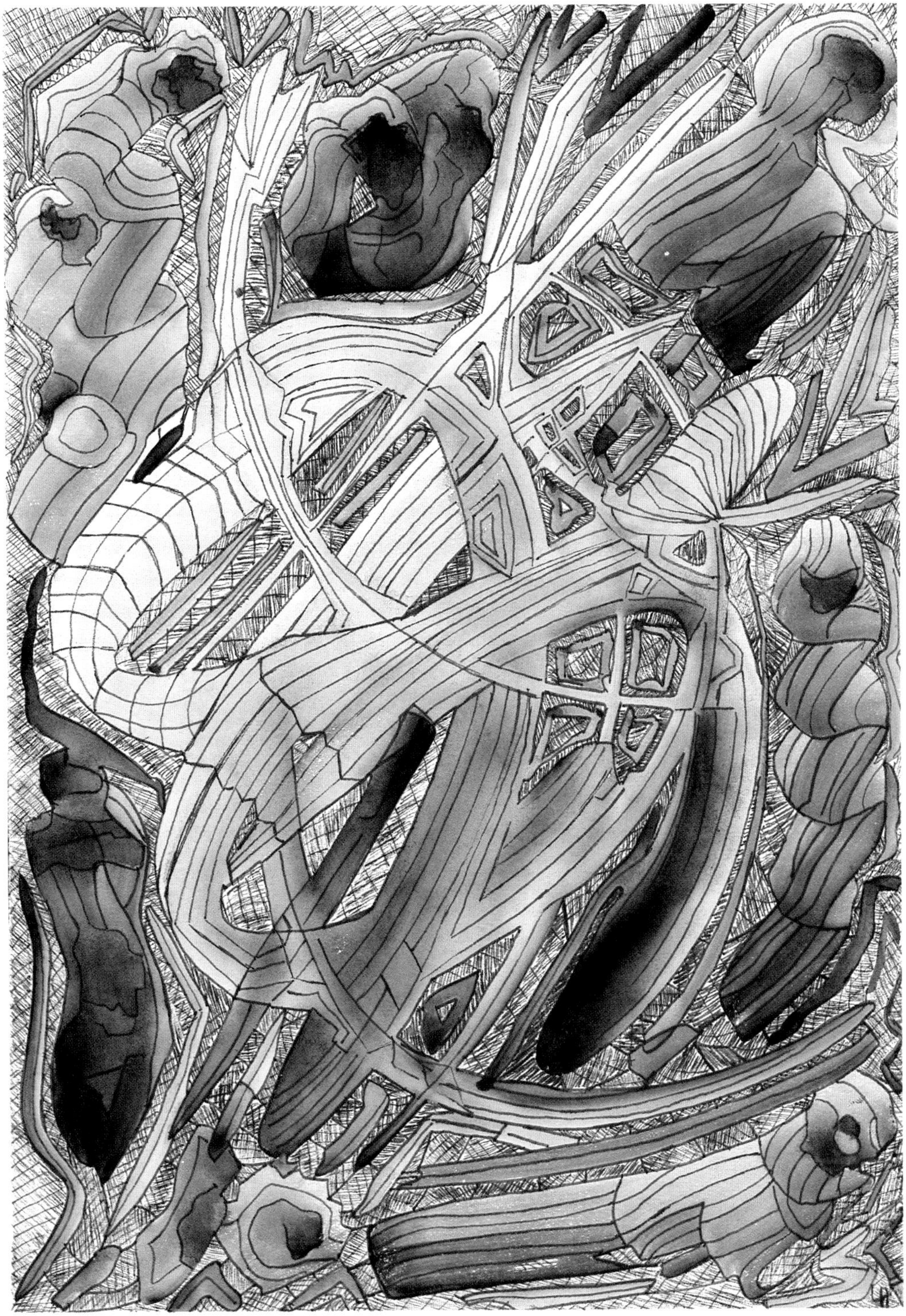

Chevelure en masse de nattes

Une journée de jour et Nélia s'était désolidarisée de l'ombre.

Longuement, comme dans l'Orient, elle s'était revêtue du blanc de deuil.

Une journée de jour elle avait marché jusqu'aux rives des Hauts Bassins, où le fil de ses pas, avait tracé deux forces, alluvionnaires, comme le vent, comme le temps.

Au plus large cercle du cours des ondes, après son regard, elle avait laissé couler sa chevelure en masse de nattes autour des rochers émergés depuis les grandes crues.

Une journée de jour Nélia avait écouté filer la voix de Mau Mau D'ló.

(Histoires de Nélia)

La boutique du Peul

La boutique du Peul

Boulettes d'indigo au séchage.
Panneau orné en batik coloré.
Bandes de coton bleu ;
Assemblages pour pagnes,
Pour pagnes de cérémonies.
Motifs.
Quadrillages du Nord Sahel.
Couvertures de Dori.

Epars, sur la terre rouge, battu.

Tisser du désert

Sur des colonnes galbées,
Graver de splendides couronnes.
Dresser des tiges sentinelles
Verdoyantes et vivaces
Aux entrées des mines d'or de Nubie.
Du Moyen Empire des Noirs,
De la vallée haute du fleuve FIL,
Rétrécir les encombrements de pierres,
Limiter collines et forteresses
De briques adaubées et de paille crue,
Broder des touffes serrées de papyrus
Sur les marécages ajourés
Des bras du Delta.

Celui qui façonne

Signes sabéens
Provisoirement cousus
Sur des carrés de toile neuve
Lâchés au seuil de la case de Nélia,
Vous forceriez son consentement.

(Histoires de Nélia)

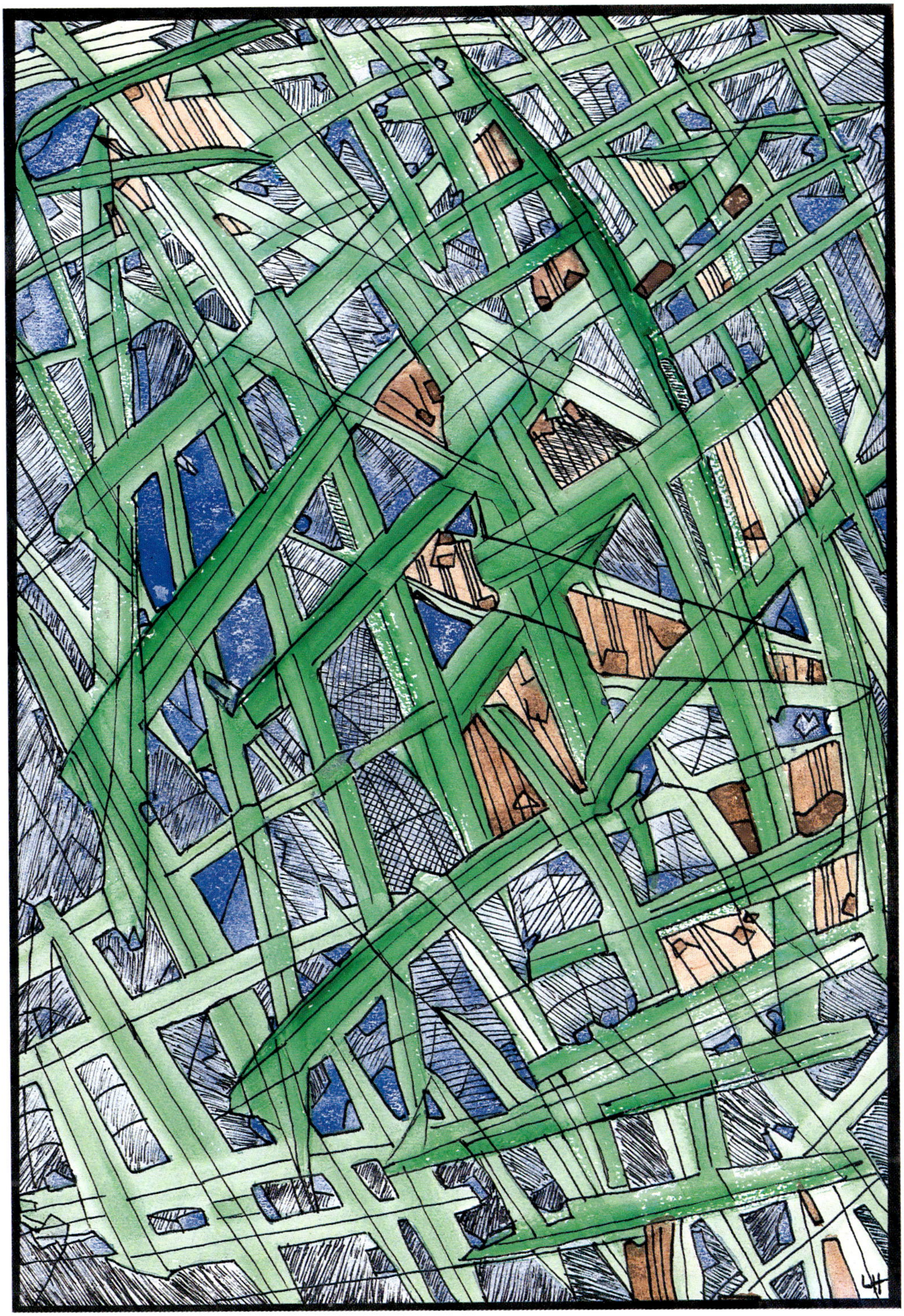

Scène de toile

Avec des herbes rhizomes,
Des lianes chiendent,
La malmignatte a fait une toile ciboule
officinale,
Rideau en liteaux rouges et noirs,
A ma porte.
La brise la soulève comme une voilette.

Trames archéologiques

Cendre et brouillard
Sont mêlés aux argileux tissus du chanvre-latanié.
Sont mêlés aux miettes des gourdes prises dans des filets de cuir,
Aux talons des vases de nacre et de bronze.
Centre de la sphère des couleurs
Frappé avec des pigments ors, bleus et verts,
Sur le cœur de bois
Des glaives et pointes d'ivoire,
La grisaille laquée des jours
Atteste que nous sommes découverts
Aux funérailles des époques
Comme des objets placés aux tombes de Changoha.

Achevé d'imprimer sur les presses
de l'Imprimerie RHODES à CAHORS

Dépôt légal : septembre 1991-91535

ISBN 2-908527-07-3

Cet ouvrage a été numéroté de 1 à 600.
Les ouvrages numérotés de 1 à 21
sont réservés à l'éditeur.